종달새 대화 듣기

오석륜 시집

시인동네 시인선 189

오석륜 시집

종달새 대화 듣기

시인동네

시인의 말

하늘이 내게 농담을 걸어올 때가
가장 행복하다는 생각에는 여전히 변함이 없지만
이제는 내가
하늘에 농담할 재료를 만들며 살아야겠다는
생각이 깊어진다.

그렇게 시의 속살들을 채웠다.

2022년 11월 초안산 기슭에서
오석륜

차례

제2부

제3부

제4부

제5부

제1부

빛

장례식장에 모인 조문객들이 화투판을 벌여
서로 꽃들을 차지하는 놀이를 즐기는 도중에
누군가가
이번 판은 내가 먼저 죽을게요, 光을 팔 수 있지요, 하며
화투장을 던진다
그리고 사람들이
먼저 죽은 자에게 노잣돈을 지불하듯 동전을 건네자
동전 속의 학 여러 마리가 날아오른다
빛을 물고 있다, 빛을 먹고 있다

빛나는 인생을 살지 못했다고 생각하는 망자가
자기도 끼워주면 학처럼 날아갈 수 있겠다며
벌떡 일어날 것처럼 분위기가 무르익는 동안
간간히 들려오는 유족들의 곡소리를 제압하는
화투장의 光, 光, 光. 光, 光.

볼일 보러 온 저승사자도 光을 줬으며 놀다 가겠다

할머니, 여기서 이러시면 안 돼요

할머니, 여기서 이러시면 안 돼요.
안 돼요. 할머니.

지하철 안에서
환갑을 훨씬 넘긴 아주머니 한 분이 다급하게 소리치고 있었다.
그 목소리와 함께

구석구석 퍼져가는 똥 냄새

팔순 정도의 치매에 걸린 듯한 할머니가
바닥에 대변을 보자
사람들은 모두 멀리 달아나고 있었지만
그녀는 서둘러 휴지를 풀어헤치고 손수건을 펼치며
그 대변을 치우고 할머니를 바로 앉히려고 애쓰고 있었다.

사람들이 사라진 공간에서 변을 본 자와
변을 치우는 자가 나누는

노년의 슬픔이여
노년의 향기여
똥 냄새를 채 비우지도 못하고 달려가는 지하철의 속도처럼
오로지 앞만 보고 빠르게만 달려왔을
우리들의 삶이 참 쓸쓸하다.

속죄

산불로 타버린 빈산에 뭇바람이 허겁지겁 찾아온 것은
허기를 채울 생각에 민가로 내려갈지를 고민하던
산속 아기 사슴의 생사
그것을 확인하고 싶었던 것인데
그래서 아기 사슴의 발자국을 따라 이리저리 걷고 있었던 것인데
아, 어쩌나
그만, 채 꺼지지 않은 작은 불씨에 걸려
또 다른 불을 피우고 말았으니

평생 그 상처를 어떻게 짊어지고 살아갈까 걱정하다가
뭇바람은 한나절이 지날 무렵
시커먼 비구름을 몰고 와
조금씩 비를 뿌려주고 있었네

탯줄

어린아이가
손을 오므려
제 어미의 새끼손가락을
꼭 쥐고 있는 것은
탯줄을 기억하고 싶기 때문입니다

누나도
어릴 때 엄마를 잃은
남동생에게
새끼손가락 만지는 것을 자주
자주 허락하였습니다

서설이 내렸다

가뭄을 핑계로
강물과 강물은 서로를 포옹할 힘조차 차단한 상태
여기저기에서 누런 이빨을 드러낸 모래톱이
점령군처럼 진을 치자
더 의기소침해진 강물 소리는
늘 강에 머물러 있고 싶어 하는 앞산의 그림자를 불러낼 의욕도
상실해 버렸다
덩달아, 산속의 무덤 그 영령들이
허기를 참아가며 아껴두었던 유언들도
강으로 걸어 나와 몸을 적실 엄두를 못 내는 풍경 속으로
두루미 몇 마리가 날아와
얕은 수심에 수다를 뿌려 놓고 있지만
강의 정체성을 복원하기가 쉽지 않다
살아간다는 것은
목마름을 견디는 과정이라며
키 큰 갈대들도 자위의 말을 웅얼거리고 있는데
설상가상으로

강 옆을 지나가는 열차 소리가
더 이상 꿈이 허약해지는 것을 막으려고 발버둥치는 강물의 울음만 더 키워주는
강,
그 강으로
보고 싶다며 나를 만나러 오겠다는 그녀의 문자 메시지처럼
첫눈이
첫눈이 내리기 시작했다

러닝셔츠를 벗는 김 과장

워크숍을 가던 날 밤.

숙소에서 동료들과 러닝셔츠 차림으로 둘러앉아 술을 마시려는데

김 과장이 목덜미 아래쪽에 구멍 난 러닝셔츠를 입고 있는 것이 아닌가.

옆에 있던 손 과장이

이렇게 절약이 배어 있으니 금세 부자 되겠네, 하며,

웃음 섞인 농을 하자,

김 과장은 옷장 한쪽 구석에 있던 러닝셔츠를 갖고 왔는데

하필 그게 구멍 난 것일 줄이야, 하며 당황해 한다.

그렇게 모두들 이런저런 담소를 나누고 있을 때

때마침, 그의 부인이 전화를 걸어와,

당신 혹시,

버리려고 옷장 구석에 둔 러닝셔츠 가지고 갔느냐며

찾아봐도 안 보인다는 말을 하고서는

다짐 받듯이 확인시키는 목소리를 흘려보내고 있었다,

"지금, 바로, 그 러닝셔츠 벗으세요."

봄날, 후회

되돌아보면
그때 내가 잘못한 일은
이별을 암시하고 떠난 그녀에게
꺼져가는 불씨에 자꾸만 입술을 맞추는
봄바람의 습관을

따라하지 않았다는 것이다

공룡 발자국 화석에서 전생의 유언을 들었다

공룡 두 마리는 분명 사랑하는 사이였다.

이곳 해안가까지 내려와 더 사랑하며 살게 해달라고 몸부림쳤던 흔적은

다정하다. 어깨동무한 보폭이다.

그 발자국에 들어오고 싶어

호기심을 잔뜩 안고 이곳까지 달려와 몸을 담그는 파도는

억세게 운이 좋아

잠시나마 그들이 남긴 억겁의 사랑 얘기를 듣는 호사를 누린다.

간혹 파도들이

연인이었던 두 마리 공룡이

해안가 주변 마을에 살며 나누었던 사랑의 기억과 풍경을 보기 위해

마을 입구까지 올라가려고 기를 쓰는 것은 그 때문.

파충류가 서로 사랑을 나누며 누워 있는 형상을 한 절벽 위 숲

그곳에서 중생대의 쥐라기부터 이곳을 드나들었을 냇바람

떼가
해안가까지 내려와 늘 애틋한 눈빛으로 돌아다니다 피워낸
꽃들은
그런 사연을 반영한다.

문득, 지실학적 상상을 품어 온 화석의 윤곽,
그 무늬가 도무지 낯설지가 않아
움푹 파인 발자국에 내 발자국을 가만히 집어넣어 보니
아, 이럴 수가.
박제에서 풀려난 듯 꿈틀거리는 중생대 공룡의 울음소리가
마치 더 사랑하며 살게 해달라고 몸부림쳤던
내 전생의 마지막 유언처럼 들려오는 것이 아닌가.

주저 없이 향기를 만지작거렸습니다

작년 여름, 이웃으로 살던 애인이 이사 가던 날
잘 가라며, 잘 있으라며,
서로의 슬픔을 삭이던 풍경을 또렷하게 기억하는
아파트 화단의 장미가
올해도 활짝 피어나
스스로의 향기를 밀어 올려,
밀어 올려,
담벼락을 타고 올라와,
내 창으로 스며들자
나는 주저 없이
그 향기를 만지작거렸습니다.

이십일 세기의 허기

재래시장 한쪽 후미진 구석에
먹다 남은 사과가 버려진 것을 알고
가장 먼저 달려든 것은
시장 속에 살고 있는 LED 조명이었다.

환하게 드러난 사과의 속살

불빛이 입맛을 다시고 있을 때
낡고 해진 옷차림의 중년 남성이
불빛을 몸으로 가리고 사과를 에워싸더니
슬금슬금 다가오려던 큼지막한 개미 두어 마리를 차단하고는
사과를 집어 드는 것이었다.
그리고는 황급히 어딘가로 사라지고 있었다.

그의 등 뒤에 달라붙으며
숨을 헐떡이며 쫓아오는 불빛,
이십일 세기의 불빛.

달팽이와의 동거

몇 개월 전에 보았던 그 달팽이가 살아있었다니.
시장에서 사온 채소에 붙어
우리 집으로 거주지 이전 신고를 했던 기억이 떠오른다.
새 보금자리는 집 안에 놓인 몇 개의 화분이었고
그동안의 식량은 싱싱한 무화과 이파리와 여러 나무들의 이파리인 듯
살도 올라 통통하다.
그 자태도 제법 듬직해 집주인 같다.
가까이 다가가 살펴보았더니
한번 움직일 때마다 걸리는 시간과 이동거리가 규칙적이다.
먹고 있는 잎의 양도 일정하다.
저것이 장수비결이고 건강비결인가.
잠시나마
사람도 저렇게 규칙적인 생활과 일정한 양만 먹으면 장수할 수 있겠다는
생각을 하고 있는데
우리랑 앞으로도 함께 살았으면 좋겠다는
딸의 이야기를 들었는지

잠시 멈춰 서서 우리들의 눈과 마주친다.
그 틈을 타서
달팽이 쪽으로 슬금슬금 기어오는 가을 볕 한 줄기,
상(賞)이라도 주는 걸까.
그에게 제법 튼튼하고 긴 그림자 하나 만들어준다.

동백꽃 낙화
— 여수 오동도에서

급격한 투신에도
제 모습을 잃지 않는 꼿꼿함으로 써 내려간 해서체 문장
살아서 숨을 쉬고 있는 듯한 다소곳함에
여수 앞바다로 놀러온 파도 소리도 낙화한 꽃 속으로
걸어 들어가는 것이 보입니다
내게도 죽음의 시간이 오면
저런 낙화의 방식도 괜찮겠다는 생각으로
떨어져 나뒹구는 동백꽃 몇 송이를 집어 들고서
화관(花冠)으로 만들어 썼더니
아, 내 몸속에 잠재해 있던 불안정한 잡념들이 사라지고
동백꽃이 활짝 피어나는 것이었습니다
다시, 다시,

경칩

산사의 종소리가
오랜만에 찾아온 봄비의 손을 잡고
세상 여기저기로 뛰어다니며
웃자랄 대로 웃자란
겨울 가뭄의 안부를
꼬치꼬치 캐묻고 있다

동면에서 깨어난 개구리처럼

아버지

산간마을 밖으로 아버지를 밀어낸 밑천과 용기는 누렁이를 팔아서 마련한 급전에서 비롯되었다. 학비는 해발 칠백 미터 오지마을 올산리에서 서울로 먼 길 떠났다. 근근이 시골집을 지키고 있던 호롱불은 심지를 돋우며 밤마다 아버지의 금의환향을 밝히려고 애를 썼다. 그렇지만 이 마을에 처음 전기가 들어왔을 때처럼 환하게 귀향 한번 하지 못한 아버지의 청춘은 객지에서만 맴돌며 키우던 침묵이었고 갈증이었다.

집터 아래 서 있던 대추나무는 그런 사연을 알고 있었을까. 수다쟁이처럼 가을이 올 때마다 열매를 잔뜩 키워냈다. 사라진 집터에 서서 목 놓아 아버지, 아버지, 아버지를 외치면, 앞산에 방목된 키 큰 억새풀처럼 온몸을 흔들며 여기저기 피어나는 메아리. 사방이 산으로 둘러싸인 마을을 빠져나가지 못한 아버지가 허공을 덥혔고, 집터를 덥혔고, 나를 덥혔다.

심산유곡을 찾아서 제 갈 길을 잃지 않는 소백산의 저 도랑물처럼 이 집안의 영원불멸한 배경으로 흐르고 싶었던 아버지가, 끝내 이 마을에 묻히지도 못하였던 아버지가, 흔적만

남은 나지막한 집터 돌담에 낡은 문패 같은 늙은 호박 하나로 눌러앉아 있었다. 기억의 심지를 품은 호롱불 등잔처럼 눌러앉아 있었다. 집터를 지키고 있는지도 모른다. 아버지처럼 살지 않겠다는 내 젊은 날의 맹세도 환갑을 바라보는 나에게는 이제 색바랜 슬픔이다.

소나기

계속된 가뭄주의보와 싸우며 배를 곯고 있던
강의 배[腹]가 조금씩 불룩해지자
한동안 소식을 전하지 못했던 암수 두루미가 날아와
보고 싶었다며, 어떻게 살아났냐고,
강물에 띄우기 시작하는 그리움

홍에 겨운 물결들도
새롭게 정비된 둔치의 발목까지 올라가
만면희색이 된 사람들과 갈대들의 안부를
강 전체로 퍼트리고 있을 무렵

금방이라도 양수가 터질 것 같다는
아내의 전화가 걸려온다

제2부

종달새 대화 듣기

점심을 먹고 있을 때였다
종달새 몇 마리가 빗줄기를 피하러 왔는지
아파트 베란다 밖 난간에 앉았다 날아가기를
몇 차례 되풀이한다

창문을 활짝 열어주있는데도
종달새들 저 멀리 날아가고
베란다 밖 난간에 남긴
그들의 대화만 비바람에 섞여 들어온다

얘들아,
우리도 밥 먹으러 가야지

동백꽃도 봄비도 바람났다

여인들이 무더기로 바람났다
여기저기 고스란히 벗어놓은
저 동백꽃 붉은 치마,
치마,
치마,

봄비가
그 치맛단을 하나씩
하나씩 잡아당기며 어디론가 데려가는데도
손을 놓고 있네

아니, 마음을 놓고 있네

틈

어릴 때 신발을 사주실 때마다
내 발 크기보다 한 치수 큰 것을 골라 주시며
부지런히 커서 그 틈을 메우라고 했건만
성장한 아들을 채 보지도 못한 채 죽은
엄마처럼
대낮에 눈을 껌벅껌벅하며 졸고 있는 낮달

아, 어떡하나
생과 사의 틈이 점점 좁혀지고 있네

개나리꽃국

지난겨울, 이미 져버린 개나리 꽃밭으로 파고들다가
꽁꽁 얼어버린 겨울비였습니다
그것을 안타깝게 여긴 봄비가
해동을 해주었더니
진하게 우려낸 개나리꽃국이 되어버렸습니다
철새 한 마리가 부지런히 후루룩,
후루룩, 들이키고 있습니다

이 의미 있는 작별의 밥상을 잊지 못하여
아마 올겨울에도
철새들이 떼를 지어 여기를 찾을 거라는 예감이 듭니다
국을 식히지 않겠다는 벌판의 생각을 읽고
자신들의 체온을 무더기로 풀어놓고 있는
찰진 햇살들,
햇살들

아름다운 꽃밭

2021년 8월 20일
열기로 가득한 프로야구 경기장을
꽃밭이라고 생각하고 들어왔을까
커다란 나비 한 마리
그라운드에서 1루와 2루 사이를 날아나니사
타석에 서 있던 4번 타자
갑자기 손을 들어
심판에게 경기 중단을 요청하였다

경기가 잠시 중단되자
이 상황을 지켜보던 나비가
알았다는 듯
너울너울 춤을 추며
서둘러 경기장을 벗어나고 있었다

관중들도 선수도 중계방송 하던 아나운서도
모두 안도의 한숨을 내쉬고 있는 경기장은
그날 아름다운 꽃밭이었다

참매미 떼의 선행

허공에 가득 퍼진 이명(耳鳴)은
참매미들이 떼를 지어 울고 있는
현재진행형 문장

그걸 지우려고,
닦으려고,
찾아온 마파람은 이미 기진맥진이다

곧 저 마파람도 이명을 뒤집어쓸 것 같은 날
나는 감기에 걸려 콜록콜록,
기침 소리 내뱉고 있는데
아무도 내 기침 소리에 관심을 가져주지 않고 있는데

바로 그때,
참매미 떼들이 잠시 울음을 멈추며
자신들의 거대한 울음과 울음
그 사이사이에 내 기침 소리를
하나씩 하나씩 집어 넣어주는 것이 아닌가

그 까짓 기침 소리 아무것도 아니니
걱정하지 말라며,

저승사자의 통지서를 돌려보내다

더 살고 싶어서 몸부림치다 죽은 자들의 살 냄새와
그 살 냄새를 비집고 나오려는 그들의 유언과
슬픔을 다 삭이지 못한 마지막 한(恨)
이런 것들로 뒤섞여 웅성거리는
수술실로

죽음을 무기한 연기하겠다는 통지서를 들고 온
저승사자에게
아버지는
두 번 다시 보고 싶지 않다는 말은 하지 않고
더 노력하며 살겠다는 귀띔을 해주고 있었습니다

경주역에서

경주김씨, 경주노씨, 경주박씨, 경주배씨, 경주사씨, 경주석씨, 경주설씨(慶州薛氏), 경주설씨(慶州偰氏), 경주손씨, 경주이씨, 경주정씨, 경주최씨, 경주탕씨

경주를 본관으로 하는 족보 속에 천 년을 호령했던 신라의 힘이 여전히 꼬장꼬장한 메아리로 살아있을 것이라는 생각은 하고 있었지만, 그 족보를 가진 후손이 이렇게나 많이 있다는 것은

뜻밖이었습니다

아직도 삼국사기와 삼국유사를 채 읽어보지 못하였느냐고 꾸짖는 회초리 같은 낮달이 경주역 하늘에 떠 있었습니다

억새꽃밭

억새꽃밭은 겸양과 배려로 건설한 왕국이다
단 하나의 억새라도 쓰러져서는 안 된다는 다짐으로
서로를 보듬어주고 부둥켜안은 채 살다 보니
몸에도 근력이 생긴 것

이런 왕국이 빚어내는 꽃의 군무(群舞)야말로
스스로의 외로움을 허락하지 않으면서도
외부로부터의 슬픔에 완벽하게 방어할 수 있는
이상적인 국가경영의 실천 방식이다

내시들의 무덤에 싸락눈 내리고

지금, 싸락눈은 분신과 같은 자식들을 낳고 있네
아내와 자식들과 함께 오래 살고 싶었을,
지극히 평범한 삶을 꿈꾸었을,
내시들의 절박한 꿈의 축적인가 혹은,
왕들의 비밀을 알면서도 간직해야만 했던
이승에 채 풀지 못하고 떠난 내시들의 슬픈 한풀이인가

싸락눈은
살아생전 받았던 벼슬은 무용지물이었다고
빗돌에 새겨진 직함을 덮어버릴 것처럼 쌓이고 또 쌓이고

산 근처 아파트에서 산책 나온 수많은 불빛들이
이 산 구석구석에 남아 있는 사내들의 다산(多産)의 욕망과
몸을 섞으며 수다를 떨고

호수와 산처럼 서로를 품고 있었다

늘 마르지 않는 침묵과 흘러갈 힘과
흘러갈 곳이 단단히 내장되어 있었기에
나는 그것을 호수의 수심이라고, 지혜라고,
호수가 품고 있는 영구불멸의 좌우명이라고, 부르고 싶었다.

호수는 이웃으로 살면서 오랫동안 자신을 지켜본 산이
짙은 사색으로 발현한 자신의 그림자를 선뜻 꺼내주는 것이 고마웠다.
아낌없이 그림자에 담긴 산의 영혼과 몸을 섞은 것은
그런 까닭이 있었기 때문.
끊임없이 화합과 포용의 미덕이 발휘되자
놀랍게도 그 미덕은 호수의 수심과 산의 높이와 비례하였고
그 깊이와 높이가 서로를 품을수록 빚어지는 절경.
절경.

이때, 슬그머니 찾아온 노을이
펼쳐진 절경을 공짜로 즐기는 것이 미안하다고 하며 얼굴

을 붉히자

아, 절경에 불이 붙고

하루에 한 번씩 불이 붙는 이 풍경을 지켜보던

나와 그녀도

이 순간을 놓치지 않으려고

호수와 산처럼 서로를 품고 있었다.

오후 세 시 무렵의 슬픔과 기쁨

높고 가파른 길을 지향하는 것은 탄생을 위해 품어온 중요한 사고다.
실천방식이다. 그것이 저들의 믿음인 것처럼
열목어 떼가 쉼 없이, 거친 물살과 폭포를 뚫고 역류를 시도하고 있다.
저 목숨을 건 무모한 산란의 길이
곧 다가올 죽음과 이어져 있다는 것을 알고 있는
폭포가
저들이 비상할 때마다 연신 피워주는 물꽃. 물꽃.
하얀 국화 이파리처럼 흩날린다.

이 세상에 고통 없는 산란은 아무것도 없음을 알려주는
텔레비전의 다큐멘터리 보고서에 빠져
뚝, 뚝, 흘리는 어린 딸의 양수 같은 눈물방울과
갓 낳은 열목어 떼의 알들이
함께 반짝거리는
오후 세 시 무렵.

감 한 알

눈발이 퍼붓던 날에는
까치 한 마리가
감 한 알을 알아보지 못하고 허공만 빙빙 돌다 갔습니다
그렇게 쌓이던 눈송이도
몇 입 베어 물 것 같더니만 입맛만 다시고 녹아버렸습니다

감 한 알은
기꺼이 누군가의 양식이 되겠다는 의지를 밝혔는데도
뜻밖에도
겨울이 다가도록
마지막 생존자로 살아남아 봄을 기다리고 있었습니다

감나무 문패 같았습니다

벚꽃은 두 번 꽃을 피운다

펄펄 날리던 벚꽃 이파리는
고마웠다
열린 창문 안으로 들어가
꾸벅꾸벅 졸고 있는 아기의 얼굴에 달라붙어
다시, 다시, 꽃을 피운다는 것이

더하여,
아기의 볼이 뿜어내는 향기에 달라붙어
희미해져 가는 자신의 향기도
다시, 다시, 살아나고 있다는 것이

제3부

가뭄

건강한 샘에서 태어났기에
이 지상에서도 한바탕 멋지게 유랑이나 하고 갈 팔자라고 생각했는데
가뭄이 계속되는 날
좁은 도랑 한 곳으로 흘러 들어와
혼자 이리저리 제 갈 길 찾느라 몸을 태우는,
마치 부모 잃은 미아 같은,
물줄기 하나를 보는데

아, 거기에
내 젊은 날의 극심한 외로움이 몸부림치고 있었네

태풍의 진심

오늘 같이 태풍 부는 날,
바다가 격렬하게, 끊임없이,
출렁이고, 출렁이고, 또 출렁거리며
모든 것을 다 비워낼 것처럼
안간힘을 쓰는 것을 봐서는

우주에 제출한 이력서에는
평소 그 어떤 험한 풍파에도
두려워하지 않고 가장 현명하게 사는 방법은
자신의 몸을 비우되, 완벽하게 비우며 살겠습니다, 라고 썼
을 것이라는
추측이 가능하다

그래서 바다는
이런 자신의 깊은 속을 알지 못하는
세상 사람들에게
무섭게 휘몰아치며 질타하는 것이다
그대들의 이력서에도

자신의 몸을 비우되, 완벽하게 비우며 살겠습니다,

라고 적으라고

강의실에 흐르는 강

새 학기 첫 번째 강의시간.
강의실 여기저기 무겁게 자리 잡고 있는 긴장을 깨우며
출석부 속의 학생들 이름을 부르는데
김슬기, 박슬기, 이슬기 등,
슬기, 라는 이름이 유난히 많아서
이 강의실은 강이네요, 했다.
학생들이 의아해했다.
슬기, 라는 이름을 가진 세 명의 이름을 합하면
다슬기니까 여기가 강이지요.
자네들만으로는 강이 안 되는데
김바위, 라는 학생도 있어서
강이 되는 겁니다.
강은 서로 부둥켜안고 바다로 흘러가는 성질이 있습니다.
나도 강이 되어 함께할 테니 여러분도
열심히 공부해 강처럼 흘러
흘러 바다로 갑시다, 라고 부탁하자
강의실 여기저기서 고개를 끄덕이며 웃어주는
강물들이 보이기 시작했다.

용서받는 과거사

어이쿠, 형수님, 오랜만입니다.
그때 형님이랑 한창 연애할 때 뵙고 몇십 년 만에 뵙네요.
이제 길에서 봬도 잘 모르겠습니다.
아, 저는 뵌 적이 없는데요.
다른 분과 착각한 것 아닌지요.
이럴 때는 어떡하나 싶어,
후배를 향해 눈치를 주는데도
후배가 한 마디 더한다.
형님이 일편단심이지요.
진국 중에 진국이지요.

살아남은 팔만 원

집에 불이 나서 모든 것 타버린 다음날,
전화기 밑에 넣어둔 만 원짜리 여덟 장만은
불타지 않을 수 있겠다는 얕은 기대감으로 손을 넣어 봤는데
이럴 수가, 살아 있었다. 그 지폐가,
살아 움직이고 있었다
살아남을 수 있다는 의지가 생물처럼 물컹거렸다

불길 속에서도
소방차가 뿌린 거센 물줄기를 허투루 버리지 않았던 것
지폐들끼리 서로 다독거리며 함께 화마에 저항했던 포옹이
여
생존이란 이렇게 눈물겨운 것
불타버린 집을 지키며 마칼바람에 버틴 꿋꿋함이
전쟁터에서 살아 돌아온 자들의 포옹만큼이나
뜨거웠다

지폐들을 손에 넣는 순간,
가슴에서 다시 불길이 활활 타올랐다

나는 또다시 세상 속을 뜨겁게 걸어갈 것이다
이들이 지펴준 불씨로, 불씨로,

미륵산에서

큰 섬을 꿈꾸었을까
저 작은 섬들
통영 앞바다에 풀어놓은 짙은 그리움 같은데

미륵을 꿈꾸고 있을까
산을 오르는 중생들
자꾸자꾸

섬
으
로

보
이
네

시월

너를 위해 불태워준 것은
나였는데
바로 나였는데, 하며
떨어진 단풍잎 하나를 놓치지 않고 따라가는
갈바람에게서
헤어진 애인의 살내가 난다

남해 독일마을에서

그때 그 파독(派獨) 광부들과 간호사들이 살아남았다는 가치가
위대한 전기문으로 읽힌다.
그들의 애환이
가까운 남해바다에서 달려온 파도처럼 생생하게 살아 움직였다.
1970년, 어머니가 눈물로 지어준 한복 한 벌과 고무신 한 켤레,
좋아하던 김 두 통과 미화 십 달러만 들고 독일로 떠났다는
어느 간호사의 사연이 문패로 서서 발걸음을 멈추게 했다.
문득, 그녀의 일상이 궁금하였지만
활짝 핀 작약과 수국과 늦봄의 짙은 신록만으로도
안부는 충분하다는 생각이 들었다.
독일 소식을 수시로 전해줄 것만 같은
마을 앞에 펼쳐진 해안선이
짭짤한 소금기 묻은 안개의 이마를 걷어내고 있었고
허공에서 유영을 허락받은 갈매기들도 자유롭게 날아다니고 있었다.

타지에서 온 나에게 더 머무르다 가라고 붙잡는 갯바람이 한참 동안 나를 놓아주지 않았다.

오월의 목멱산

새 떼들이 하루 종일 지저귀고 또 지저귀며
자신들의 부리로 산의 뼈대를 튼튼하게 박음질해 놓았다.
여러 개의 산길이
지금의 서울 도심으로까지 튼튼하게 이어진 것도 그 때문이다.
한양도성길도 그런 사연을 바탕으로 만들어졌다.

단 한 번도 매무새를 흩트린 적이 없는 산의 윤곽
그것을 지켜보며 흐르던 한강을 향해
목멱산의 역사를 터득한 새 떼들이 분주히 날아가고

그렇게 맺어진 산과 강의 오랜 인연처럼
이곳을 찾는 사람들과 이곳에 핀 꽃들은
서로서로 아름답다고 인정해주는 배려가
농밀한 향기로 연통하고 있었다.

산의 품위를 붉은 탄성으로 인정해주는 저녁놀이
석호정(石虎亭)에서 날아다니는 화살보다 더 빠르게

번져가는 라일락 향과
어둠에 노출되는 것을 아쉬워하는 산의 속살을
뜨겁게, 뜨겁게, 물고 있는
오월의 목멱산

봄비에 콧소리가 섞여 있네

우리가 만나는 동안
꽃피는 날이 많았으면 좋겠다며
콧소리로 옹알거리는
그녀의 목소리를
흉내 내며
오락가락하는
봄비

폭포 혈관

낙하는 반드시 수직으로만 허락받았다
그것이 우주의 명령이다
조물주의 자존심이다
쉬어가면 물줄기의 혈통은 끊어질 것이라며
찰나의 휴식도 허용하지 않는
저 굵고 다부진 혈관의 위력

차안(此岸)에서
인간이 도저히 저런 혈관을 가질 수 없는 것은
생로병사를 경험하는 동안
쉽게 번뇌를 껴안고
쉽게 흔들리기 때문일 것이라는 생각을 해보았다

대한(大寒)의 건아

결빙의 정신과 직립의 사고가 의기투합하여
삶을 완성해가는 고드름은
따스한 혀를 내밀며 한입 베어 물려고 하는
햇살에게도
꼿꼿하게 버티는
대한(大寒)의 건아

겨울은
저렇게 살아야 한다고 마음먹은 적 많았다

물새

낙동강의 품에다 물수제비를 뜰 때마다
그 진로를 끝까지 지켜봐 주던 수평선을
흔들림 없는 부리로 물고서
자꾸만
서울 쪽으로 가는 길을 묻던
그때 그 물새가
한강에서도 여전히 비상 중인 것은
참 다행스런 일이다

임인년(壬寅年) 삼월 하순의 기록

지난겨울, 세상 살아가는 얘기와 한국문학과 일본문학이 서로 다정하게, 그리고 서로 바쁘게, 화학적 결합을 하였다. 덕분에, 올봄에, 몇 개의 계간지와 잡지와 신문에 시와 평문, 시론 등, 내 숨소리를 옮겨놓을 수 있었으나, 안타깝게도 일부 글에는 봄이 오기 전에 나를 찾아온 코로나의 사악한 숨소리도 같이 호흡하고 있었다. 내 삶도, 계절도, 그냥 피어나지 않는다는 가르침을 곱씹었다.

그렇게 꽃이 피어날 조짐으로 매화 우듬지가 몹시 가려워 보였는데, 그곳을 부드럽게 긁어주면 좋겠다는 마음으로 다가선 것은 눈이었다. 눈. 봄꽃이 피어나려면 봄비가 내리기 전에 서둘러 내리는 것이 좋겠다고 판단한 듯.

농담처럼 즐겁게 쌓이는 봄눈. 그 위로 아직은 온기가 필요한 때라는 그녀의 목소리도 내 귀에 쌓이는 동안, 문득, 집 앞에 있는 초안산에서 날아온 새가 철새인지 아닌지가 무척이나 궁금해졌다.

제4부

단풍 여인과 동거 중입니다

한낮에는 부지런히 햇살 받아먹고
아침저녁으로는 마파람을 받아먹고 살아온 삶이
미안하다고
자신은 별로 한 일이 없는 것 같아
참 부끄럽다며
얼굴만 붉히는 그녀에게

그래도 당신은 예뻐.
단풍을 닮았잖아.
라고 대답해 주었습니다.

장미 여인

누군가로부터 나 자신을 지키려고 가시를 키우는 줄 아는데
절대 아닙니다.
살다 보니
사는 게 가시밭길처럼 느껴져 자연스럽게 제 몸에도 가시가 돋아났습니다.
그렇다고 외롭게 살지는 않았습니다.
강한 햇볕을 마음껏 받아들인 것 보세요.
제 바탕은 개방입니다. 수용의 정신입니다.
입술도 속살도 뜨거우리만큼 붉디붉은 걸 보면 알잖아요.
꽃에서 우러나는 향기는
세상에 다 돌려주고 싶은 제 열정의 산물이지요.
저를 만지려고 억지로 가시를 걷어내려고 하지 마세요.
진실하고 착한 사람에게는
저 스스로 가시를 허물어버릴 줄 압니다.
평소에 내가 가시처럼 콕콕, 찌른다고 불평하시는데
당신이 따뜻하지 않은 탓입니다.
자, 한 잔 합시다.
오늘도 열심히 살았으니 즐겁게 한 잔 합시다.

내 취중진담에 귀를 쫑긋 세우고 듣던 달도 기울어가고 있으니

이 밤이 가기 전에 거하게 마시자고요.

메아리 여인

들르는 곳마다 허공의 감정을 덥히는 유전자가
음악으로 흘러
온기로 흘러

거짓으로 화답하지 못하여
한번 내뱉은 말이나 약속은
순수한 초심을 잃지 않으려고 하지요

그런데, 어쩌지요.
베푼 만큼 사랑을 받고 싶은 마음,
그 본능은 제대로 제어가 되지 않을 때도 있는
저는
메아리 여인이지요

철새들의 귀띔

깨어진 인연을 봉합하지 못하고 떠나가는 것은 분명하지만
그래도 다시 돌아오겠다는 철새들의 습관성 귀띔은
아름다운 약속이다.
사랑했던 사람에게 이별을 통보하고 두 번 다시 돌아오지 않는
인간의 이력보다는
찰진 긴장을 품고 있다.

그리움은 그렇게 해야만 슬픈 것으로 끝나지 않는다는 것.
그런 마음을 알고 있기에
철새들의 멀고 먼 이동은 힘들지도 않았고
날개에는 방향을 지탱해주는
근육이 붙고 있었는지도 모른다.

꽃등 연가

벚꽃 이파리가 무더기로 돌탑에 내려앉는 봄날의 오후다.
한참 동안 돌탑의 얼굴을 어루만지는 이파리의 손길은
그대의 고운 손이 내 얼굴을 어루만졌던 그 시절을 떠올리게 한다.
금세 아름다운 꽃등 하나가 태어난다.
만약에 추억의 복원이 가능하다면
저렇게 애틋하고 저렇게 황홀한 몸짓으로 낙화하여
또다시 내 얼굴을 감싸주었으면 좋겠다는 바람을 가져본다.
그대에게 정착하여
영원히 무너지지 않을 꽃등처럼 살겠다는 그때의 맹세도
다시 복원해낼 수는 없을까 하는 생각을 해보지만
추억은 간절함이 사라진 그저 그리움으로 흐르는 강물 같은 것이라며
삶이란 것도 사랑이라는 것도
영원히 머물지 못하는 강물 같은 것이라며
조곤조곤 설명해주고 가는 따스한 된마파람.
꽃등의 전신 구석구석으로 스며들고 있다.
한껏 달아오른 얼굴로

어찌하여 한 번도 그녀를 찾아가지 않았냐고
한 번도 안부를 물어보지 않았냐고
다그치는 저녁놀에게
부끄러운 듯 죄스러운 듯
온몸에 홍조를 띤 꽃등에 서서
나는 한참 동안 떨어지는 벚꽃 이파리를 맞고 있었다.

삼월의 수채화

목련나무 아래에서
나와 애인이 나란히 빰을 맞대고 사진을 찍으려는
바로 그 순간,
목련 이파리 하나가 떨어지고 있었습니다.

사랑은 지켜보는 것이 아니라며
자기도 적극적으로 동참하겠다는 이파리의 뚜렷한 주관,
그리고
목련꽃 하얀 속살은
천국에서 빚어낸 걸작이라며 칭찬하는 카메라 찰칵, 하는 소리
이들이 서로
부둥켜안고 있었습니다.

나무에서 사랑을 나누다 내려온 참새들도
같이 어울렸습니다.

참나리꽃

오늘 당신이 입고 나온 치마의 무늬에

나리,
나리와 나누었던 참사랑을
다음 생애에도 계속 꽃피울 수 있을까요. 하며 속삭이는
참나리꽃이 가득 피어 있었습니다

환청 같은

매화나무의 거주지 이동에 관한 기록
― 이응로 화백의 그림 〈꽃장수〉를 보며

1. 1955년

어머니여, 안녕.

정든 산이여, 안녕.

꽃장수의 지게에 몸을 싣고 속세로 거처를 옮기는 나는, 어린 매화나무다.

전쟁둥이다.

설익은 온기를 데리고 된새바람 때문에 발이 시렸다.

허벅지도 서늘했다.

뿌리에 붙은 흙이 떨어져 나갈 때마다 몰려오는 갈증, 갈증, 갈증

그래도 길에서 만난 사람들이 참, 예쁘네, 예쁘네, 하고 나를
반겨주는 것이 아닌가. 조금은 슬픔을 삭일 수 있었다.

새 거처를 찾아가는 여정에 부끄럽게 체온을 내미는 햇살은
위안이었다. 나의 동반자였다.

원경으로만 보던 포성 소리가 밤낮으로 돌아다니던 이 마을에

이 한 몸 불태워 꽃을 피울 수 있다면, 열매를 맺을 수 있다

면,

그것이 내가 사람들에게 정착하는 삶의 방식.

그것이 내 향기, 천수를 누리며 행복해지는 방식이 되리라.

이런저런 생각을 하는 동안

나를 짊어진 꽃장수의 등에 땀이 흥건해지고 있다.

이제 내가 터를 잡고 살 집에 도착했는가 보다.

같은 산에서 내려와 나를 따르던

나비 한 마리도 내 우듬지를 찾아 날아오는

지금은 1955년을 건너가는 초봄의 한때

2. 2022년

뿌리내리는 동안 툭툭 나를 건드렸던 텃새. 꽃을 피우기는 했어도 눈치만 살폈지. 제대로 된 수확이 없었다는 뜻이네. 눈치 보는 내게 새들이 부리로 쪼아대는 날도 많았지. 그럴 때마다 가지는 더 단단해져 갔네. 가끔씩 주인집 아주머니가 빚어내는 청국장 냄새로 목욕하는 날도 있었고, 그 집 딸들이 펼치는 수다에도 같이 몸을 들썩이며 웃기도 했지. 점점 익숙

해지고 있었어. 자리가 잡혀가더라고. 산다는 것은 꽃피우는 것만으로는 염치없는 짓 아닌가. 그래서 식구가 되어야겠다, 생산으로 밥값을 해야겠다, 마음먹었지. 그렇게 세월을 헤아리니 벌써 2022년. 꽃도 열매도 이제는 눈치 안 보고 가지도 더듬거리지 않아. 이 집을 꾸려가는 건강한 계절이 됐지. 나를 데려왔던 그때 그 꽃장수는 이미 오래전 세상 뜨셨네. 태어난 고향의 산과 어머니에게 소식을 전할 수 있는 방법을 고민하다가 지금은 열심히 향기를 살찌우고 있다네. 향기를,

폭설을 옹호하며

하늘과 뜻이 맞지 않은 날,
그날을 택하고 택해 탈출한 끊임없는
낙하의 행렬

저 행렬의 기본 정신은 저항이다
눈과 눈끼리 서로, 뭉치면 뭉칠수록
단단해지는 성질을 갖는 것은 그 때문이다

그러니 건드리지 마라
가만히 내버려두면 우주에 이만한 절경도 없다
이만한 감동도 없다

나도 가끔씩 몸속에서
폭설의 유전자 같은 것이 꿈틀거릴 때,
그때를 기다리는 날이 있다

김홍도, 징각아집도(澄閣雅集圖)*를 풀어주다

경상도 안기찰방** 김홍도입니다. 징각아집도의 바탕은 조선 땅 대구 감영의 징청각(澄淸閣)에 불어오는 명지바람과 그 바람을 껴안으며 홍에 겨운 오동나무. 그리고 과분한 칭찬에 높아진 제 자존감입니다. 무엇보다 핵심은 이병모 관찰사를 비롯한 아름다운 벗들. 그들이 아회에 풀어놓은 솔직담백한 담소입니다. 난만하기만 하던 풍류가 붓끝을 행복하게 하였습니다.

정조대왕의 선정으로 베풀어진 태평성대를 시문으로, 그림으로, 그려내고 싶었던 문방사우가 화폭의 중앙에 자리 잡았습니다. 아실 겁니다. 배경으로 서 있는 산의 정기도 저 문방사우로 쏠리게 했다는 것을. 서탁(書卓)은 얼마 전까지 매화 이파리 분분하던 곳에서 시문을 즐겼던 여홍이 채 가시지도 않았는데, 오늘은 문방사우의 받침대로서의 기능에 충실합니다. 그때의 매화 향기는 오랫동안 붓통에 담아두고 즐겼습니다.

그림의 우측 구석에 등장하는 한 유생은 명사들과 함께한

추억을 무엇으로 담아내고 있을까요. 아마도 앞으로도 이 풍경이 그립다고, 그립다고, 기록할 듯합니다. 부언하자면, 소생의 이 그림을 관통하는 것은 아름다운 삶의 한때입니다. 1784년 오월 그믐날, 그때는 참으로 넉넉한 그리움이 흐르고 있었습니다.

아, 궁금증 하나 풀어드립니다. 그때 징청각에서 무슨 일이 일어나고 있는지를 살피던 호기심을 소문처럼 퍼트린 것은 오동나무 아래 걸어놓았던 노구(爐具) 솥, 거기서 연이어 일어나던 차 향기였습니다.

덧붙여, 230여 년이 지난 2019년 어느 가을날, 제 평전을 쓰신 이재원 작가가 오석륜 시인에게 징각아집도를 보여줌으로써, 지금의 제 설명도, 시인의 상상력도, 코스모스처럼 피어났음을 알려드립니다.

---

*징각아집도(澄閣雅集圖): 조선을 대표하는 풍속화가 김홍도(1745~1806)가 정조 때인 1784년 무렵에 그렸다고 전해지는 그림.

**안기찰방: 지금의 우체국장에 해당하는 벼슬. 종6품. 당시 안기역은 경북 안동에 있었다.

겨울의 독서

추위에 떨지 말라며
절대로 얼어서는 안 된다며
갈참나무의 발을 덮어주려고
일제히 몰려가는 낙엽에게는
무언가를 따뜻하게 덥혀주려는 인간미 같은 것이 있다
체온이 있다

세상에 하찮은 것은 아무것도 없다

죄송, 죄송, 죄송,

교수 앞에 앉은 학생 몇 명이 속삭이기 시작했다.

그리고 서로를 쳐다보며 의심의 눈빛을 보내고 있었다.

소리 없는 방귀가 냄새를 풍기고 있었던 것

소리가 없다는 것은

깊이 있게 영향을 끼친다는 속성을 갖고 있다.

교수는 어젯밤 늦게까지 마신 술이 떠올랐다.

항문 괄약근의 진동을 제대로 조절하지 못한 탓에

쌍바윗골 쪽에서 발생한 이 구슬픈 아우성을

어찌할 수 없었던 것

하지만 아무 일 없다는 듯 강의를 계속했다.

냄새는 순순히 강의실을 빠져나갈 의지를 잃어버렸고

일부 열린 창문도 순간적으로 당황스럽기는 마찬가지였는데

그 순간,

뒤쪽에 앉아 있던 한 학생이 강하게 비추는 햇살을 피하려는지

창문도 닫고 블라인드도 치기 시작했다.

불가근불가원(不可近不可遠)

중랑천을 걷다가 강 가장자리에 머물러 있는 붕어 떼를 보았을 때였어요. 나와 붕어 떼와의 거리는 불과 오 미터 남짓. 그들을 자세히 관찰하고 싶어서 살금살금 다가갔지요. 물결 위를 걷고 있던 강바람도 내 눈치를 보고 있었지요. 한 발 한 발 다가설 때마다 붕어들도 조금씩 뒤척였어요. 더 숨을 죽이고서 다가섰지요. 불과 이 미터 정도 앞까지 왔을 때였을 겁니다. 아, 붕어들이 달아나기 시작하더군요. 바로 눈앞에서 보지 말고 간격을 두고 보라는 붕어들의 충고인지 경고인지 적잖이 넘실거리는 가장자리 물결. 내 얼굴에까지 튀어 왔어요. 이제 저들과의 거리는 아까보다 더 벌어져 십 미터 이상은 족히 될 듯. 붕어 떼의 일부는 무리에서 이탈하여 강 안쪽으로 사라져 버렸어요.

생각해보면
사람과 사람과의 간격도 크게 다를 바 없지 않겠어요.

제5부

친절한 자동이체

원고료로 받은 오십만 원으로 무얼 할까 고민하다
그녀에게 옷 한 벌 사주고 싶다는 말을 하자
그녀는 내게 보약 지어주겠다고
어딘가에 전화를 하며
흐뭇해하고 있는데

우리들의 고민을 한방에 해결해 준 것은
그날 오후 문자를 남기고 빠져나간
카드 값 자동이체

다행히도 잠시 머물러 있던 행복은
자동이체 되지 않았습니다

낮잠
—하이쿠 번역을 하다가

일본의 하이쿠를 번역하면서
바쇼, 부손, 잇사, 시키, 헤키고토 등의 하이쿠 시인들에게
내가 한국의 술인 막걸리를 한 잔 대접하겠다고 쓴 적이 있다.
한창 번역에 열중하다 낮잠이 들면 가끔씩
그들 중 바쇼가 꿈속에 나타나
왜 막걸리 한 잔 안 사냐고 물어서 당황하여 깬 적도 있는데
그럴 때는 책상 옆에 막걸리를 준비하고
막걸리 통에 가타카나로 막걸리를 쓰고 낮잠을 자기도 했다.
아마도 바쇼가 막걸리를 한 잔 했다면
"선뜩선뜩한/벽을 밟아가면서/낮잠을 자네"라는 하이쿠가
"선뜩선뜩한/막걸리 마시면서/낮잠을 자네"라고 바뀌었을지도 모른다.
또, 그를 만나고 싶을 때는
나는 책상 옆에 막걸리를 준비하고서
"선뜩선뜩한/막걸리 마시지요/바쇼 선생님"이라는
하이쿠를 써 놓고서 낮잠을 청하기도 했다.

빗방울 선생

세상 살아가는 법을
빗방울에게 물어보는 것이 낫겠다

모든 존재들의 갈증을 풀어주다가
모든 존재들의 몸을 씻어주다가
왜
땅으로 떨어져서

더 넓은 곳으로 흘러가는지를

돋보기에서 꽃잎이 흩날리고

깨알 같은 글자에 돋보기를 갖다 대자
오래전 돌아가신 스승 김사엽 선생님과의 추억이 확대되었다
덩달아 선명해지는 것은 그리움이다
무엇보다 내게 베풀어주셨던 사랑이
가장 선명하게 확대, 확대되어
순간, 울컥한다
주인 잃은 돋보기가
그의 동료였던 신근재 선생님의 품에서 슬픔을 위로받으며 살다가
다시 내 품으로 들어오던 날

밖에서는 진달래가 몽우리를 내밀고 있었는데
그 몽우리의 뜻을 관찰하러 들어가는 봄바람의 동공이 확대되자
확대된 동공으로 빨려 들어가는 햇살의 행렬

이순이 다 된 제자에게도

스승의 숨결이 다시 살아나, 살아나,
돋보기 속에 들어온 글자들이
온통 꽃잎으로 흩날리고

눈사람이 된 선인장

선인장은
눈이 내릴 때마다 자신의 가시에 찔리는 눈을 생각하면
몹시도 마음이 아팠습니다
그래서 아픔을 딛고 쌓이는 눈을 달래주기만 하다가
마침내

눈발이 퍼붓자
더 이상 눈의 고통을 보고 있을 수 없다는 생각을 하고는
온몸으로
눈발을 거두는 가시들을 다독이며
스스로
눈사람이 되었던 것입니다

노을 경전(經典)

마지막까지 빛을 발하라는 것도 중요하지만
사라질 때까지 뜨겁게 살아야 한다는 것도
잊어서는 안 되지만

노을 경전의 핵심 문장은
어둠이 오기 전에
반드시

달을 불러주고 떠나라는 것이다
별을 불러주고 떠나라는 것이다

외로움을 견딜 수 있게

지렁이는 전생에 용이었다

용은 하늘을 날아다니며 보고 경험했던 숱한 풍경과 추억을
땅에까지 전하지 못하여 몹시도 안타까웠을 것이다.
그 안타까움이 고뇌로 쌓여 지렁이의 주름을 낳았고
주름을 폈다가 접을 때마다 되살아나는 용의 기억들로
길을 묻는 행위가
지렁이의 꿈틀거림이다

이때, 눈여겨보라
날 수 없게 된 용의 꿈이
가장 느린 몸짓으로 세상을 기어가고 있는 것을,
하늘에서는 모든 것 다 볼 수 있었기에
이승에서는 작은 것 하나도
천천히
그리고 자세히 보겠다는 의지를,

지렁이가 고행처럼 지나간 자리마다
희미하게 찍힌 무늬는
용이 하늘에 남겼던 바로 그 무늬가 되살아난 것

무엇보다 지렁이가 전생에 용이었을 유력한 단서는
지상으로 기어 올라와 활기차게 세상을 돌아다닐 때는
비 오는 날이 많다는 사실
하늘이 자신을 그리워하며
애타게 부르는 방식이
비,
비,
비,
라고 믿고 있기 때문이다

비빔밥

따끈따끈한 밥알 같은 별들이
우르르 쏟아져 내려와
박 바가지에 별을 가득 비볐지요
별만 먹으면 편식이라고 꾸짖는 산새들의 잔소리에 못 이겨
벌판 여기저기 숨어 울던 풀벌레 소리도 비볐고요
상추, 아욱, 머위, 취나물과 서로 입도 맞추었지요
집 아래로 흘러가는 시냇물에서
버들치 몇 마리의 휴식을 들고 와 곁들이자
울타리 옆에 자라던 옥수수가 옷을 벗고 달려올 것처럼
나의 식사를 기웃거려
같이 먹자는 말도 잊지 않았지요
달이 달걀 프라이처럼 밥 위에 내려앉고 싶은지
마당으로 조금씩 걸어오고 있었고
박 바가지를 내내 지켜보던 성황당 귀신도
한꺼번에 군침을 쏟아내던
충청북도 단양군 대강면 올산리의 저녁

달맞이꽃 여인

달빛이여,
장미꽃 향기를 맡다가 그 가시에 찔린 것 맞지요?
가시가 몇 센티미터이고 몇 밀리미터나 되는지
가시에도 향기가 나는지
그런 것들을 일일이 확인하느라
가시에 찔린 것 맞지요?

그렇게 달빛에게
왜 내 향기는 맡지 않고 한눈팔았냐고 따지다가
두 팔 걷어 부치고 따지다가
얼굴이 노랗게 무르익은
달맞이꽃 같은
여인이여

화성행궁(華城行宮)에서 낮달을 받아 적다

어젯밤부터 어둠의 벼루를 갈아서 글을 쓰던 붓이
아직도 꺾이지 않았다
제 본분 명확하게 지키고자 하는 의지가 또렷하여
아직도 달이다
몸가짐 정갈하여 한여름의 태양도 감히 범하지 못하는
낮달이다

정조는 이곳에 머물며 저 낮달처럼
아버지가 오래 살아주기를 바랐을 것이다
그런 상상을 허용하는 낮달이 쉬 물러갈 것 같지 않자
낮달의 수명을 부러워하는
봉수당 앞뜰의 뒤주도
좀처럼 돌아가지 않는 낮달을 붙들다가
낮달을 붙들다가
짙은 그림자를 풀어놓는다
그림자도 뒤주 속의 영혼도 걸어 나와 봉수당 마루까지 올라갈 기세다

그들이

인형으로 환생하여 살고 있는 듯한 혜경궁 홍씨의 품으로
까지

한 발자국씩 걸어 들어가고 있는

두 시 무렵의 화성행궁

가족은 꽃이다

그녀에게
세대주 바꿀 생각 있냐고
진지하게 물었더니
주저 없이
내 호적에
꽃을 피워 주었습니다

그녀에게
당신 닮은 애
낳아 달라고 했더니
주저 없이
내 호적에
두 송이 꽃을 피워 주었습니다

쿵쾅쿵쾅

민들레 홑씨가
말들의 꼬리에 달라붙어
살랑살랑 간지럼 태우고 있다

곧
저 말들이 짝을 지어
식구가 불어날 것 같은 예감으로

봄날의 심장이 쿵쾅쿵쾅 뛰고 있다

마른장마

찔끔 동냥젖 주며 생색내는
비쩍 마른 빗줄기가
까치발로 강을 걸어 다녀도
어혈이 풀리지 않아
자꾸만 칭얼대는
강

바람이
강바닥에서 솟아오른 잡풀을
슬쩍 건드리기만 했는데도
강을 지배하는
헛기침 소리

이불

당신과 내가 한 이불을 덮고 산 지
삼십 년인데
이불에 수놓아 있던 복(福)이라는 글자도
이불에 수놓아 있던 별 무리도
해지지 않은 걸 보니
이불 속에 숨 쉬던
사랑이 식지 않은 듯합니다

결로

우리 집의 실내 벽이 가려운 것은
바깥의 겨울바람에 뒤섞인 세상 돌아가는 얘기를
시원하게 듣지 못했기 때문이다
겨울이라도 소통의 정신으로 살아야 한다는 것을 알면서도
서로 마음을 터놓고 감싸주지 못했기에
벽지 속 꽃들에게까지 곰팡이를 번식시켰다
꽃들은 봄이 와도 개화하지 못할 것을 아는지
눈물이라도 흘린 것처럼
시커먼 이슬방울을 달고 있다
겨우내 전화도 편지도 없는 우리들의 관계에는
결로가 생기지 않았으면 좋겠다

해설

여운으로부터 다시 시작하는 시

—오석륜 시집, 『종달새 대화 듣기』

김효숙(문학평론가)

사랑하는 자에게서는 무의식·무의지의 감정이 유동한다. 그래서이겠지만 사랑과 의지 사이의 거리는 때때로 멀게 여겨진다. 그러나 '-하기'의 사랑법은 그 모든 가능성들을 열어 놓는다. 사랑하기로 마음먹은 자의 윤리는 의지로부터, 의지는 실천으로, 실천은 서로 간 화평을 조성하는 데로 나아간다. 오석륜은 이렇게 감정과 의지 사이에 있는 언어로 '-하기'의 삶을 이야기하는 시인이다. 정갈하고 따뜻하게, 번잡하지 않은 정중동의 미학으로 삶의 희로애락을 시화한다. 오석륜이 쓰는 쉽은 시와 단선적인 의미를 일치시키는 발상은 그의 시를 절반만 이해한 것이다. 한번 보여주고 말 이미지로 그치지 않고, 기호 이면에 겹쳐진 의미를 찾아 나가게 하면서 서정의 깊이를 갖춰 간다. 문장이 종결되는 순간의 여운으로부터 다시금 한 편의 시가 시작된다는 점에서 그의 시는 '여운의 시'다.

이 시집에 흐르는 정념은 두 번째 시집 『사선은 둥근 생각을 품고 있다』(2021)에서 그린 불운한 가족사와는 상당히 멀어져 있다. 아이 같은 어휘 운용, 간결하고 생기 넘치는 언어로 동시대인과 함께 나눌 덕목들을 고안한다. 그러면서 이전에 어린 자아가 입었을 심리적 상처를 어루만진다. 그럴 때에도 시적 화자는 불운을 불행으로 고착하지 않는 세계 이해의 방식을 보여준다. 그가 슬픔에 잠겨 있을 때 구원의 손길이 오는 곳이 반드시 인간-타자만은 아니다. 삶의 진실을 자아 바깥의 모든 외부자들에 비추어 사유하면서 이 세계 속에서 자신이 존재하는 이유와 감동을 써 나간다. 세계-내-존재를 정립하는 그 모든 상황은 그가 선택하기도 전에 주어진 것이지만, 이것을 불행으로 받아들여 삶을 비극으로 만들지는 않는다.

5부로 구성한 이 시집은 존재의 의미와 아름다움, 가없는 생명의식, 소소한 행복 감정, 잠언 같은 언어 수행 또는 말재간(pun)을 시인 특유의 문체로 보여준다. 과거의 기억을 끌어오는 서정화 작업에 몰두하거나, 예언자처럼 미래를 예단하거나 하지 않고 지금 이곳의 삶을 시화한다. 현존재자로서 시인이 이 세계에서의 경험을 시화하는 작업에 초대받은 객체는 인간만이 아니다. 그의 시에서 인간과 외부자는 동격이다. 인간의 말을 하지 않는 외부자가 인간의 어떠함을 성찰케 한다. 시인의 감정과 의지 사이에는 실로 무수한 감성과 이성의 작용점들이 있다. 슬픔·기쁨·행복·사랑 같은 감정, 지혜·포용·화합·겸양·배려 같은 이성(지성)의 윤리가 같은 에너지로 시편에 흐른다.

'너'가 존재한다, 고로 '나'도 있다.

이 시집은 존재의 이유와 그 아름다움에 관한 사유를 담았다. 시인은 외부자를 타자화하지 않고 자신의 내부로 안아 들여 동시대에 존재하는 일의 아름다움을 써 나간다. 윤리를 들먹거리면서 삶의 진실을 섣불리 승화하거나 하지 않고, 만상의 움직임으로부터 연기(緣起)의 계기를 살핀다. 인연을 단지 인간 대 인간의 만남으로만 고정하는 것은 인간주의자가 하는 일이다. 그러나 인연을 세상 만유 간의 경험으로 바꿔 하나의 네트워크 안에서 이 세계를 바라보는 자는 인간 외부의 모든 생명체와 비생명체들까지도 같은 감각으로 대면한다. 다음 같은 시가 태어날 수밖에 없는 이치를 이 시집의 어느 페이지를 펼치더라도 찾아낼 수 있다.

늘 마르지 않는 침묵과 흘러갈 힘과
흘러갈 곳이 단단히 내장되어 있었기에
나는 그것을 호수의 수심이라고, 지혜라고,
호수가 품고 있는 영구불멸의 좌우명이라고, 부르고 싶었다.

…(중략)…
끊임없이 화합과 포용의 미덕이 발휘되자
놀랍게도 그 미덕은 호수의 수심과 산의 높이와 비례하였고
그 깊이와 높이가 서로를 품을수록 빚어지는 절경.
절경.

이때, 슬그머니 찾아온 노을이
펼쳐진 절경을 공짜로 즐기는 것이 미안하다고 하며 얼굴을 붉히자
아, 절경에 불이 붙고
하루에 한 번씩 불이 붙는 이 풍경을 지켜보던
나와 그녀도
이 순간을 놓치지 않으려고
호수와 산처럼 서로를 품고 있었다.

—「호수와 산처럼 서로를 품고 있었다」 부분

오석륜 시는 대체로 내용이 난삽하지도, 형식이 길지도 않다. 가공하지 않은 아이의 말처럼 순연한 기호들이 한 편의 시를 이룬다. 나아가 청년 같은 발상으로 이 세계를 대면하는 감각은 시인의 심층 정서가 바로 그러하다는 점 외에도, 시인이 지금 바라는 바를 언어화한다는 점에서도 의미가 있다. 위의 시는 나와 그녀의 관계성과 그것의 소중함을 별다른 수사 없이 써 나간다. 시인이 쓴 "지혜", "화합과 포용의 미덕"은 자타 간 관계의 미학을 감성만으로는 이뤄낼 수 없다고 말하는 듯하다. 호수에 투영된 산 그림자는 서로를 품어 안은 형상이고, "나와 그녀"의 관계성도 놀라우리만치 산과 호수를 닮았다. 노을이 번지는 정경에는 산과 호수, 그리고 나와 그녀도 황홀경 속에서 서로를 품어 안은 채 그대로 풍경이 되어 있다. 번잡한 세계를 벗어나 고요 속에 잠길 때에도 자신 곁에 없는 듯 있는 그녀의 존재감이야말로 서로 함께하는 삶을 가능케 한다. 그러나 모든 관계성이란 것은 "지혜"를 "영구불멸의 좌우명"으로 삼지 않는다면 쉬이 단절되고 만다. 이러한 성찰과 함께 시인은 침묵이 필요할 때를 알고, 그럴 때 지혜가 깊어지는 이치도 알 수 있다고 말한다. 외롭고 슬픈 시간을 살아가는 자의 마음에 선명하게 새겨진 삶의 경구 같은 시 한 편을 위에서 보았다.

시는 산문과 달리 기승전결이 분명하지 않고, 어떤 국면을

날카롭게 베어내듯이 현상한다. 시인이 짧은 시에서 벌이는 이러한 실험을 눈여겨볼 만하다. 지성인의 전언을 앞세우지 않고 그것을 이미지로 대체하고, 최선의 시 쓰기를 짧은 형식에서 구현하면서 단형시의 매력을 한껏 발산한다. 이것은 시인이 침묵과 언표 사이, 이성과 감정 사이의 협곡을 통과하면서 얻어낸, 옹골진 언어로 짠 것이다. 그것을 간추려야만 소중한 경험을 내재화하면서 지리멸렬을 쇄신할 수 있다는 감각이 시편마다 흐른다.

> 펄펄 날리던 벚꽃 이파리는
> 고마웠다
> 열린 창문 안으로 들어가
> 꾸벅꾸벅 졸고 있는 아기의 얼굴에 달라붙어
> 다시, 다시, 꽃을 피운다는 것이
>
> 더하여,
> 아기의 볼이 뿜어내는 향기에 달라붙어
> 희미해져 가는 자신의 향기도
> 다시, 다시, 살아나고 있다는 것이
>
> —「벚꽃은 두 번 꽃을 피운다」 전문

고요한 공간에서 의미 없이 떨어져 내리는 꽃잎의 움직임이 비로소 의미의 지점으로 나아가는 장면을 우리는 보고 있다. 기표를 따라 시선을 옮기다 보면 벚꽃잎 하나의 움직임을 따라 마음도 붙들려 간다. 벚꽃잎이 떨어져 내리는 것으로 그치지 않고 다시금 한 차례의 전환을 거쳐 "두 번"에 이르렀을 때 벚꽃의 낙화와 그 의미가 선명해진다. 벚꽃잎과 아기 볼의 유사성은 양자의 보드라운 감촉으로 언표되고, 고요한 공간에 고요가 더해지는 분위기도 소리 없이 떨어지는 꽃잎과 졸고 있는 아기의 모습으로 현상된다. 이 시에서도 인간과 외부자의 교섭은 침묵 속에서 이뤄지고, 생명의 기운은 고요 속에서 지속한다.

이렇게 오석륜의 언어는 우리가 한껏 게을러져야만 발견할 수 있는 지점에 놓여 있기도 하다. 그런 점에서 오석륜 시는 현대가 요구하는 속도를 전략적으로 배반하면서 쓰는 것이다. 소란스러운 삶의 현장에서 유보되기만 했던 발견의 지점은 시인이 그곳을 떠나면서 비로소 열리기 시작한다. 언어가 시 형식을 입기 시작하는 곳도 바로 그러한 장소다. 시인이 보아낸 것을 쓰되, 시선의 분산이 아닌 그것의 이동으로 발견의 지점을 열어 보인다. 인용 시에서 보는 것처럼 꽃잎의 감정인 '고마움'이야말로 인간-아기에게 닿으려는 또 다른 인간의 마음인 것이며, 아기에게서 생동하는 생명의 기운으로 다시금 생을 감각하는 생명체의 생명 원리다. 감정을 제거한 채 현상만 보여주는 듯한 이 시는 시각이 촉각으로 전이하면서 공감각을 유발하고, 이때 심층 의미가 생성된다.

다른 한편으로 시인은 인간과 인간, 삶과 죽음 간의 미적 거리를 사유하는 일도 잊지 않는다. 이는 타자성을 신비하게 받아들이는 거리 감각이자, 최적의 거리를 확보할 때 유지되는 아름다움을 피차 보존하려는 욕구이기도 하다. 죽음을 자연에게 당연히 바쳐야 할 공물로 보지 않고, 망자의 빈소에서 화투장으로 '광팔이'를 하면서 빛[光]을 놓고 벌이는 놀이로 캄캄한 죽음 현상을 승화하기도 한다(「빛」). '너'는 '나'를 알게 하는 타자인 것처럼, 죽음은 삶이 무엇인지 알게 하는 타자성인 것이다. 프랜시스 베이컨이 세네카의 「서한」을 인용하여 쓴 것처럼, 두려운 것은 죽음 그 자체보다 죽음이라는 사건과 더불어 남은 자들이 수용하는 이미지들에서 파생한다. 예컨대 신음 소리, 경련, 안색의 변화, 슬피 우는 사람들, 검은 상복, 장례 절차 같은 것들이 죽음을 무서운 것으로 보이게 한다.[1] 오석륜이 상상하거나 원하는 죽음은 유족들의 곡소리보다 더 크게 하늘을 울리는 "光, 光, 光, 光, 光"팔이들의 즐거운 비명 소리의 절차들 안에서 일어나는 하나의 현상이 아닐까. 이러한 죽음 의식은, 삶을 전경에 두고 죽음은 후경에 둔 채 그것을 잊고 살아가는 인간이 어느 날 급작스레 닥친 무서운 죽음에게 속수무책 제압당한다는 관념을 전복한다.

---

1) 프랜시스 베이컨, 『베이컨 수상록』, 범우사, 2012(3판1쇄), 34쪽.

웃음 유전자를 보유하는 일

오석륜 시를 읽다 보면 예기치 않은 데서 웃음이 스며 나오는 경험을 하게 된다. 아이 같은 동심을 품고 이 세계를 대면하고, 천진하고 기발한 감수성으로 말재간을 부리면서 우리를 놀라게 한다. 이때 청년 니체가 비극의 몰락을 말하면서 예시했던 그리스비극이 떠오른다. 그토록 의미심장한 예술형식이 수명을 다하지 못하고 일찍이 비명횡사한 뒤에야 '웃음'의 예술형식은 도래했다고 그는 쓴다. 삶을 비극으로 바라보는 자에게는 웃음이 머무를 자리가 없겠기에, 웃음은 비극이 몰락해야만 인간의 얼굴에 떠오르는 활기찬 감각인 것이다. 오석륜 시의 천진한 기표들이 속 깊은 마음과 어우러져 밀어 올리는 것은 어쩌면 슬픔을 아는 자만의 특권일지도 모른다. 불운한 소년기를 보낸 것으로 보이지만, 지금 그의 눈은 어둡고 엄숙한 지점을 응시하지 않는다. 기분 전환용으로 언어를 다루면서 자기 위무에만 집중하지도 않는다. 시인으로서 오석륜은 다음 시에서 보듯이 교수자의 자리에서 한층 고양된 감수성을 발휘한다. 지금 이곳에 머물지 않는 그의 활달한 지향성은 '함께'의 가치를 되새길 때 더욱 고양된다.

새 학기 첫 번째 강의시간.

강의실 여기저기 무겁게 자리 잡고 있는 긴장을 깨우며
출석부 속의 학생들 이름을 부르는데
김슬기, 박슬기, 이슬기 등,
슬기, 라는 이름이 유난히 많아서
이 강의실은 강이네요, 했다.
학생들이 의아해했다.
슬기, 라는 이름을 가진 세 명의 이름을 합하면
다슬기니까 여기가 강이지요.
자네들만으로는 강이 안 되는데
김바위, 라는 학생도 있어서
강이 되는 겁니다.
강은 서로 부둥켜안고 바다로 흘러가는 성질이 있습니다.
나도 강이 되어 함께할 테니 여러분도
열심히 공부해 강처럼 흘러
흘러 바다로 갑시다, 라고 부탁하자
강의실 여기저기서 고개를 끄덕이며 웃어주는
강물들이 보이기 시작했다.

—「강의실에 흐르는 강」 전문

일상어를 시어로 변환하면서 벌이는 유쾌한 말놀이다. 강의실에서의 '편'이 지식과 교양에 종사하기보다, 만유가 한데

어우러져 "흘러가는 성질"을 설명하는 데에 기여한다. 주입하는 지식 중심의 백과사전식 수업보다 비유법으로 삶의 이치를 일깨우는 이 강의실에서 억압 기제 같은 것은 기미조차 보이지 않는다. 교수자는 이론과 교양을 쌓는다는 명분 아래 자기 관념 속으로 도피하여 난삽한 논리를 구사하지 않는다. 강(江)의 다슬기들과 바위의 비유로 서로 공존하는 세계를 공감토록 한다. 이렇게 익살스러운 시편이 체험에 기반한 것인지, 상상적으로 구성한 것인지 알 수는 없다. 식자의 언어로 교양을 주입하는 교육 방식이 성숙한 인격과 기품 형성에 종사하지 못하고, 물질 사회의 속물로 전락하도록 부추기는 교육 현상을 시인은 웃는 표정을 지으면서 들춘다. 교육 주체와 객체의 어떠한 고통이나 난관을 드러내기보다, 그것을 원만하게 풀어헤쳐 소통하려는 활기가 넘치는 시편이다.

이 시를 읽고 나면 오석륜이 추구하는 시세계가 그의 삶과 그다지 동떨어지지 않은 곳에 있다는 생각이 든다. 이것은 시인이 교육 일선에서 지식을 전달하는 주체이기도 하다는 점과, 다른 한편으로는 지식과 관념을 허물어 한 편의 시를 제조하는 작업 사이에서 그가 얼마만큼 시-되기의 과정을 고민하는 시인인지 여실히 보여주는 예다. 오석륜 시는 감정과 의지 사이에서 후자를 어떻게 감정으로 버무려 내느냐는 문제 안에서 발생하는 언어라 할 수 있다. 그럴 때마다 그가 고민하는 것은 식자의 교양 언어를 자연의 언어로 변환하는 방법

론이다. 그의 시에 자연이 스스럼없이 들어와 인간과 교섭하는 장면에는 이러한 지향이 반영되어 있다. 그가 쌓아놓은 학문이 단지 학문이기만 하다면 시인으로서 오석륜은 아마도 자신의 교양으로 시-언어를 창안하면서 삶을 변화시키려는 어떠한 결단도 하지 않는 지식인에 그칠 수가 있다. 하지만 그의 또 다른 자아는 시를 위해 열정을 불사른다. 그의 생명관이 인간에게로 집중하지 않고 생명체는 물론 비생명체로까지 확장하는 지점을 눈여겨보아야 한다.

「속죄」만 보더라도 생명을 향한 시인의 경외심이 얼마만 한지 짐작하고도 남는다. 이 시는 산을 태워버린 화마와 뭇바람, 그리고 아기 사슴의 관계항으로 속죄 감정을 '비구름'에 실어낸다. 아기 사슴을 구하려는 의지를 비구름이 비를 뿌리는 감정으로 표명하면서 아이같이 떨리는 가슴으로 인간 외부의 생명체를 만난다. 이러한 생명의식을 사람 간 관계성으로 그려 나갈 때 시인의 생명관은 사랑이라는 이름으로 실천하는 아름다운 덕목이 된다. 떠나려 하는 그녀에게 봄바람처럼 살포시 다가들어 사랑을 표현하지 못한 것을 후회하기도 하며(「봄날, 후회」), 공룡의 발자국 화석이 남아 있는 현장을 밟아 보면서 "더 사랑하며 살게 해달라고 몸부림"(「공룡 발자국 화석에서 전생의 유언을 들었다」)치는 의미로 그것을 해석하기도 한다. 화자의 석회화되지 않은 사랑의 감정이 실재하기에 그의 세계 읽기는 사랑의 화소를 중심으로 이야기하는 것이 가능하다.

이제부터는 또 다른 시에서 펼치는 말재간을 즐겨 보자. 앞의 인용 시에서는 "슬기" 또는 "바위"라는 학생의 이름이 말놀이의 재료라면, 다음 시에서 그것은 "대한(大寒)"이다. 24절기 중 하나인 이것은 대한(大韓)의 뜻은 그냥 두고 소리만 가져온 것이다. 지난 시대에 '건아'라는 명명법으로 시대적 사명을 주입당했던 주체들은 한 나라의 국호를 가슴에 새겨 떠안을 만큼 막중한 존재자들이었다.

결빙의 정신과 직립의 사고가 의기투합하여
삶을 완성해가는 고드름은
따스한 혀를 내밀며 한입 베어 물려고 하는
햇살에게도
꿋꿋하게 버티는
대한(大寒)의 건아

—「대한(大寒)의 건아」 전문

서슬이 퍼렇던 시대의 절대 권력을 풍자하는 이 시는 결빙점인 0도가 곧 녹는점이기도 하다는 사실을 전한다. 저러한 결빙의 자세를 오차 없이 견지해야 하는 건아들은 0도 위로 수은주를 끌어올리는 초미세의 수치조차도 허용해선 안 된다. 그런데 시대착오적이게도 "따스한 혀를 내밀며 한입 베어 물려고 하는/햇살"이라니! "대한의 건아"에게 절대 온도인 0도의 결빙 자세야말로 시대가 요구하는 것이며, 대한(大韓)은 대한(大寒)이 몰아온 것 같은 결빙의 정치로 꽁꽁 얼어붙어야만 그 세력을 유지할 수가 있다.

엄혹한 시대의 공포정치를 풍자하는 이 시는, 문학이 저항의 언어는 될 수 없을지라도 공포정치의 위력을 자극할 수는 있다고 말하는 듯하다. 단지 말놀이를 즐기다가 무던히 종결지을 수도 있는 이 시는 저항을 매개하는 어떤 정신으로 독자에게 수용된다. 풍자할 줄 모른다면 침묵을 택해야 했던 특정 시대의 문학 수행을 떠올리게 하면서, 시대를 뛰어넘는 시-언어의 효용성을 환기한다. 단지 말놀이 즐기기로 끝나지 않고 거시정치의 내면을 조롱하는 문학의 정치를 위 시에서 보았다.

가족주의자의 지극한 감정

말놀이를 즐기면서 동반자적 삶을 사유하고, 엄혹한 시대를 상상하면서 지금의 평화에 감사하며, 표제시 「종달새 대화 듣기」를 읽노라면 어떤 말이 떠오른다. 학자들을 조심하라. 차갑고 메마른 그들의 눈은 비생산적인 것에 꽂혀 있다. 그들 앞에서는 어떠한 새라도 털이 죄 뽑혀서 분홍빛 알몸을 드러낼 것이다……(니체). 이런 정도의 언술로 기억한다. 학자들의 관심을 비생산적인 것의 생산으로 보는 저 철학자의 염려가 기우라는 것을 다음 시는 명쾌하게 입증한다. 다시 말하자면, 오석륜 시는 마지막 문장을 다 읽은 뒤의 여운에서부터 새로운 시가 생성한다.

점심을 먹고 있을 때였다
종달새 몇 마리가 빗줄기를 피하러 왔는지
아파트 베란다 밖 난간에 앉았다 날아가기를
몇 차례 되풀이한다

창문을 활짝 열어주었는데도
종달새들 저 멀리 날아가고
베란다 밖 난간에 남긴
그들의 대화만 비바람에 섞여 들어온다

얘들아,
우리도 밥 먹으러 가야지

—「종달새 대화 듣기」 전문

이 시는 새가 떠난 자리에서 신성한 시가 시작된다. 다른 시편에서도 구현했듯이 이 시에서도 시인은 인간과 외부자

간 소통의 계기를 활짝 열어놓는다. 양방향의 경계(境界)인 창문을 개방하면서 언제든 새들을 집 안으로 들일 준비가 되어 있으나, 새들이 "저 멀리 날아"가 버렸다고 쓴다. 이러한 장면은 인간이 만든 경계를 인간이 자의적으로 운용할 수 있을 뿐, 새들에게도 그들만의 자리가 있음을 암시한다. 그것을 '우리' 의식으로 표명하면서 지금 시대 가족의 현주소를 짚어본다. 이로 미루어볼 때 오석륜에게 가족은 종달새들처럼 소공동체를 이루어 살아가는 자연 속의 생명체다. 그러나 자연을 집 안으로 들이려는 화자의 '문 열기'가 새들에게 전달되지 않고 되레 날아가야 하는 빌미가 된 것에서 보듯이, 인간의 자리와 새의 자리는 구별된다. 인간의 생명성과 새의 그것은 상호 불가침의 조약을 맺지 않았더라도 제각기 고유한 자리에서 저마다의 본성으로 유지된다. 사람은 사람의 자리에서, 새는 새의 자리에서 공존하는 자연법이야말로 생명의 네트워크를 교란하지 않고 존속하게 하는 요건이다.

나아가 이 시는 생명체에게 한 끼의 식생이 어떠한 의미인지를 생각하게 한다. "가족은 꽃이다"(「가족은 꽃이다」)라고 쓰면서 순차적으로 구성되는 가족을 꽃이 피어나는 모습으로 비유해서 그런지, 오석륜 시에서 가족은 미적 표상의 종결판처럼 보일 정도다. 담소를 나누면서 식탁에 둘러앉은 가족을 상상하면서 시를 읽게 되는데, 이때 시인이 펼치는 발상의 전환을 놓치지 말아야 한다. 평화로워 보이는 광경의 이면에는 종달새 무리에게 몰아치는 "비바람" 같은 풍파의 시간이 틈입한다. 빗줄기를 피하여 베란다 난간으로 날아든 종달새들이 그렇듯이, 비바람 치는 현실은 누구에게나 공평하게 주어지는 실존 조건이다. 그것을 종달새에 빗대었을 뿐, '우리'의 소공동체에도 예외란 없다. "얘들아,"라는 호명, "우리도 밥 먹으러 가야지"라는 청유형 목소리를 사람으로 구성된 가족 표상으로 읽어도 무리가 없겠다. 그리고 이것이 비바람 치는 날에 종달새들의 대화라는 데에서 시인의 지향은 여실히 드러난다. 종달새의 목소리를 즐겁고 상냥한 '노래'로만 청취하는 우리에게 사고를 전환할 것을 이 시는 주문한다. 단지 원경으로만 바라보는 누군가의 삶을 노래 감정으로만 듣고 말 일은 아니라고 말이다. 비바람 치는 생존 현장으로 날아가 버린 새들의 몸짓에서 긴 여운, 깊은 파문을 감지할 수 있다.

시인은 제법 여러 편의 시에서 '가뭄'이 유발하는 갈증을 사유하면서, 충만에 무지하기만 한 갈망의 정체를 질문한다. 삶이란 본디 "목마름을 견디는 과정"(「서설이 내렸다」)이며, 가물어 갈라진 땅 위로 서설이 내리는 풍경처럼 예측 불허의 일들로 구성된다. 그렇기에 삶이란 계속되는 가뭄 속에서 영위하는 것이자, 그런 와중에도 축복처럼 불시에 쏟아지는 소나기를 예감하는 일이기도 하다는 점을 환기한다. 그러므로 현대인에게 가뭄 현상이란 「이십일 세기의 허기」에서 보듯이 결핍·고갈 같은 불모성으로만 귀결되지 않는다. 시인은 현대인이 느끼는 가뭄 현상을 넘쳐나서 버려지는 경우로 직관하기도 한다. 먹다 남은 사과가 아낌없이 버려진 이미지, 그 광경을 비추는 "LED 조명"의 대낮 같은 밝기, 사과를 집어 들고 황급히 사라지는 중년 사내로부터 현대판 허기를 들춘다. 이름하여 "이십일 세기의 불빛"인 LED의 광도(光度)는 사내의 부끄러움을 가려주지 않는다. 불빛은 그의 허기와 남루를 사정없이 적발하고, 그는 야행과 몸 숨기기를 황급히 결행해야 한다. 숨기고 싶은 허기조차 만천하에 노출되는 현대인의 밤은 LED의 첨예한 광각(光覺) 기술 아래서 실종된다. 빛은 오직 자신의 밝기로 제 수명을 이어갈 뿐이지만, 사내의 밤은 숨기고 싶은 허기가 노출당하는 시간으로 점철된다. 허기증의 주체가 버려진 사과를 재빨리 감추는 시-현실에서는 그의 부끄러움도 숨길 곳이 없다.

그런가 하면 첨단 기술을 장착하여 온라인 소통이 원활한 시대에도 불소통은 또 다른 문면에서 번식 중이다. 아래 시에서처럼 이러한 불소통은 "결로" 현상의 이면에서 번지는 곰팡이처럼 비가시적이다. 그런 이유로 시인은 "전화도 편지도 없는 우리들의 관계" 안에서 불소통이 조성되어 온 경우를 생각해보라고 이른다. 그리고 이것이 단지 전화나 편지 같은 매체를 제대로 활용하지 못한 탓만은 아니라고 쓴다. 그렇다면 무엇 때문인가? 이에 대한 답변도 오석륜의 시적 지향과 정확하게 일치한다.

서로 마음을 터놓고 감싸주지 못했기에
벽지 속 꽃들에게까지 곰팡이를 번식시켰다
꽃들은 봄이 와도 개화하지 못할 것을 아는지
눈물이라도 흘린 것처럼
시커먼 이슬방울을 달고 있다
겨우내 전화도 편지도 없는 우리들의 관계에는
결로가 생기지 않았으면 좋겠다

—「결로」 부분

시집의 맨 끝에 배치한 이 시는 건물 내벽의 결로 현상에 빗대어 불소통의 문제를 다룬다. 시인의 직관대로라면, 벽의 가려움증을 유발하는 결로는 냉찬 외부의 현실을 내부로 들이지 않으려는 차단막 때문에 생긴 현상이다. 벽의 쓸모를 단지 차단의 기제로만 아는 자에게는 공기의 대류 현상을 수용할 여지가 있을 턱이 없다. 이것은 시인의 표현대로 "서로 마음을 터놓고 감싸주지 못"한 데서 오는 문제에 속한다. 이렇게 시인은 반복과 변주를 통해 줄곧 말해 온 미덕과 윤리들을 이 시에서도 다시금 일깨운다. 그밖에도 경전에 보존된 잠언 같은 시 구절들, 마침내 가뭄 현상의 종결을 알리는 시월·봄비·소나기, 양수의 파수에 이은 생명체 단생의 순간들은 모두 화자가 지나온 상징적 가뭄 뒤의 은총이나 다름없다(「소나기」). 또한 태풍 같은 물리력이 그의 삶을 바닥까지 뒤집어 버릴지라도 자신을 비우는 계기로 삼는다는 화자의 마음에는 조금의 거짓도 없는 진정성이 담겨 있다(「태풍의 진심」).

오석륜은 이 세계의 존재자들이 공평하게 배분받은 쓸모를 각자의 자리에서 감당하는 이야기들로 시-현실을 구성한다. 간결한 기표들을 배열해 놓고 시인은 사라져 버린 듯하지만 그럴 때 비로소 새로운 시가 시작되는 신묘한 감각을 발휘한다. 이는 시인이 상징계의 언어로 펼쳐내지 않아야만 하는 덕목들과의 연관 안에서 일어나는 문학적인 사건이다. 투쟁하는 인간의 삶을 치열한 언어 운용으로 보여주지는 않지만, 이미 그러한 치열성을 통과한 오석륜 시인은 화쟁 정신으로 시를 쓴다. 부단히 생동하면서 조화와 화평을 조성하는 자연처럼 오석륜 시에서는 장식을 찾아보기가 어렵다. 말하자면 이 시인은 자연스러운 목소리를 옹호하는 유전자를 갖고 있는 것처럼 보인다. 모든 부자연스러움에 저항의 언어를 격발할 수 있는 능력을 그는 "폭설의 유전자"(「폭설을 옹호하며」)라고 부른다. "그러니 건드리지 마라"고 말할 수 있는 근거도 눈을 "뭉치면 뭉칠수록/단단해지는 성질"을 그가 익히 체득했기 때문이다. 그러므로 그를 "가만히 내버려두"어야 한다. 폭설을 맞으면서 "우주에 이만한 절경도" "이만한 감동도" 없다고 말하는 시인의 내심은 온전히 모든 자연스러움을 향해 기울어져 있다. 지금 단단한 심지를 마음에 지니고 있는 자는 남보다 이르게 세상과의 대결에서 부서져 본 경험으로부터 많은 것을 이미 배워서 각성했기 때문이 아닐까. 오석륜의 시-정신이 발화하는 저류에는 모든 슬픔, 불화, 부자연스러움을 넘어서려는 가치들이 배양되고 있다. 이 시집은 그것이 자라나는 어떤 이의 마음을 조용히 들여다보게 한다.

시인동네 시인선 189

종달새 대화 듣기

ⓒ 오석륜

초판 1쇄 인쇄 2022년 11월 10일
초판 1쇄 발행 2022년 11월 17일
지은이 오석륜
펴낸이 김석봉
디자인 헤이존
펴낸곳 문학의전당
출판등록 제448-251002012000043호
주소 충북 단양군 적성면 도곡파랑로 178
전화 043-421-1977
전자우편 sbpoem@naver.com

ISBN 979-11-5896-568-6 03810